Toma mis palabras como consejo cariñoso,
porque sólo quiero lo mejor para ti.
Lleva mi cariño contigo
dondequiera que vayas en este mundo.
Siempre ha sido y será tuyo.

— Sandra Sturtz Hauss

Índice
(Lista de autores por orden de primera aparición)

ESTE MUNDO ES TUYO

En tu **trayecto** por este mundo
mira siempre **hacia** el **futuro**
hacia **todo** lo que podrías ser.
No permitas que te frenen
viejos **errores** o **desgracias**:
aprende de ellos, **perdónate** —
o perdona a **los demás** —
y sigue por tu camino.
No te dejes
desalentar por las **adversidades.**
Enfréntalas como un **reto.**
Déjate impulsar por la valentía
que exige superar obstáculos.
Aprende.
Aprende algo **nuevo** cada día.

Interésate en los demás
y en lo que de ellos podrías aprender.
Pero no te busques
en el espejo de los demás.
No definas quién eres
por la aprobación de los demás.
Si quieres saber quién eres
y adónde vas,
la respuesta la encontrarás siempre dentro tuyo.
Cree en ti.
Sigue los anhelos de tu corazón,
sigue tus sueños.
Como todos los demás,
tú cometerás errores.
Pero siempre que le seas fiel a la fortaleza
de tu propio corazón... no te equivocarás.

— Ashley Rice

RECUERDA ESTO...

A veces no es fácil
crecer.
El mundo
   no siempre
      es justo contigo.
En los tiempos difíciles de la vida...
cuando las cosas no salen
como quieres...
quiero que recuerdes
que siempre
   puedes
      recurrir a mí.

abuela
Mabel

RECUÉRDAME...

Quiero ser un lugar
donde puedas venir a refugiarte,
para recibir cariño incondicional,
para compartir
    todo el apoyo
        que uno puede dar.
Quiero ser una persona
a quien puedas recurrir para tener respuestas
y comprensión,
o sólo para reforzar
el sentimiento de lo
    increíblemente especial
        que eres.

— Douglas Pagels

Ya no puedo mecerte en mis brazos,
leerte cuentos,
   ni arroparte en la cama como antes.

Pero sigo pensando

que eres lo mejor.

Y anhelo encontrar la manera
de decirte cuánto
te querré siempre.

— Paula Holmes-Eber

A veces te miro
y todavía veo
a la niña que fuiste una vez...
una sonrisa embadurnada de
helado de chocolate,
las rodillas cubiertas de
raspaduras y magulladuras,
pies que nunca dejaban de moverse,
siempre llevándote de
una aventura a la siguiente.
Es sorprendente reflexionar
y darse cuenta lo mucho que has crecido...
mi niña, ya no es una niña,
ha crecido y está lista
para enfrentarse con el mundo.

— Carol Thomas

De mí...
DESEOS y ASPIRACIONES

 Quiero para ti amparo e inteligencia y cautela.

 Quiero para ti sabiduría más allá de tu edad.

 No quiero que crezcas demasiado rápido.

 Quiero que acudas a mí con tus temores.

 Quiero que aquellos que compartan tus días se aperciban de que eres especial.

 Quiero que sepas que se te presentarán oportunidades y que muchas serán tus metas.

Te quiero mucho

Para ti...
ESPERANZAS y ORACIONES

 Espero que te arrojes al mar de las nuevas experiencias, pero no dejes que el agua te sobrecoja.

 Espero que te apercibas de tus capacidades y de las oportunidades sin límites que te aguardan.

 Espero que no pierdas jamás tu entusiasmo juvenil, tu interés y deleite en todo.

 Espero que no te apresures hacia el futuro sino que siempre construyas sobre los escalones del pasado.

 Los cimientos profundos de tu familia y tus amistades y de la felicidad por siempre te sostendrán.

— Douglas Pagels

Entre la alegría de ser
una niña protegida, querida
y la satisfacción de ser
una adulta libre, independiente...

está la diversión

la frustración

la confusión

el aburrimiento

la emoción

la melancolía

y la euforia

de ser una adolescente.

— Barbara Cage

La **libertad** que viene
con la edad adulta también viene con
mucha **responsabilidad.**
La gente te trata como a una **niña**
en algunos aspectos pero espera que actúes
como **adulta** en otros.
Sólo puedes aspirar a hacer **lo mejor.**
Sigue lo que indica tu corazón
y usa el **sentido común.**
Antes que nada, cree en ti misma
y en tus **sueños.**
Es probable que tengas que hacer
algunos **sacrificios,**
pero los sueños valen la pena.
Deja tiempo para **disfrutar,**
pero **trabaja duro,** también.
Encontrarás que el **presente**
y el **futuro** serán todo lo que podrías
haber **esperado.**

— Barbara Cage

SÉ FIEL...

A lo largo de la vida
avanzarás por muchos caminos
conocerás a mucha gente
y vivirás muchas cosas
Nunca trates de cambiar
quien eres
para adaptarte a las necesidades de otros
Sé tú misma —
Que nunca te dejen de importar
las cosas que valoras en la vida
y nunca dejes de esforzarte por
    dar lo mejor de ti

— Deana Marino

...A TÍ MISMA

Eres una persona tan sobresaliente
y espero que nada cambie jamás
tu belleza interior

A medida que crezcas
recuerda que siempre
debes mirar el mundo como lo haces ahora —
con sensibilidad
honestidad
compasión
y un toque de inocencia
Recuerda que las personas y las situaciones
no siempre son
lo que parecen
pero si tú eres fiel a tí misma
todo estará bien

— Susan Polis Schutz

Nunca tengas miedo
de dar lo mejor de ti

Canta a las estrellas;
cuéntales tus secretos.

Sueña grande sueños
y no tengas miedo
de perseguirlos...

Vive **osadamente**.
Ama **apasionadamente**.
Empínate alto
    y **hazle cosquillas** al cielo.
Lánzate al mundo;
Sé **valiente** pero no atolondrada.
No esperes más de los demás
De lo que tú estás **dispuesta** a dar.
Sé **generosa** con tus talentos,
   tu tiempo,
      y tu **corazón**.

Nunca tengas miedo de dar **lo mejor** de ti;
Para mí tu ya eres lo mejor.
Por sobre todo, debes saber esto:
Si alguna vez te caes,
Mi **amor** te recibirá
     y te llevará **sana y salva** a casa.

— Kathy Larson

Que lindas palabras ¡verdad!

abuela maly

Recuerda lo que es más importante...

No se trata de que **todo** vaya bien;
se trata de **enfrentar** lo que sea que salga mal.
No se trata de no tener miedo;
se trata de tener **determinación**

de avanzar a pesar de tener miedo...
No se trata de dónde estés,
sino de la **dirección** en que vayas.
Se trata de **creer** que ya
se te ha dado todo lo necesario

para **enfrentar** la vida.
No se trata de poder liberar
al **mundo** de todas sus injusticias;
pero de sí poder **superarlas**.

Es **creer** en tu corazón
que **siempre** habrá
más bien que mal en el mundo.
Recuerda sencillamente vivir el presente
y no sumar los problemas de **mañana**
   a los de hoy.
Recuerda que cada día termina
y trae un mañana **nuevo**
lleno de cosas nuevas y **emocionantes.**
Ama lo que haces,
   da lo **mejor** de ti,
y **siempre** recuerda
   lo mucho que te **quieren.**

— Vickie M. Worsham

Cada día...
es un nuevo día,
una nueva oportunidad para lograr algo.

Cada día...
debe honrarse
por la bendición que es.

Cada día...
es hora de ser valiente
y alcanzar logros;
desde pasar el día
"haciendo de todo"
hasta simplemente recordar
que todos esos horizontes
que a veces parecen tan distantes
realmente no están tan lejos.

— Collin McCarty

Los errores
son
peldaños
que nos llevan al **futuro.**
Con cada uno
ganamos **perspectiva** y **valentía,**
aprendemos algo nuevo,
y
subimos un poco más cerca
del **sol.**
Luego volvemos a comenzar.

— Elle Mastro

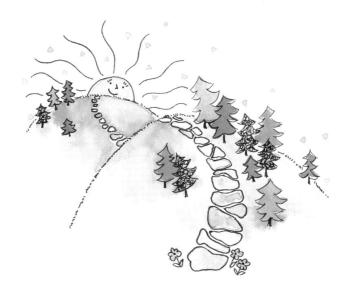

Vive la vida... Aprendiendo

Aprender no es
sólo tener maestros,
textos y pruebas.
No es sólo ir a clases,
memorizar datos,
y levantar la mano
tantas veces como puedas.
Aprender consiste en
la alegría de descubrir
y la maestría
de superar desafíos.
Es el don
de la autodeterminación —
un regalo para tu mente, cuerpo,
y espíritu...
el don necesario
para hacer tus sueños realidad.

— Jacqueline Schiff

Vive
algo nuevo
cada día.

Aprende del mundo
que te rodea...
de las palabras que lees,
los sonidos que escuchas,
el tacto que sientes,
y los rostros
que ves.

En el transcurso de tus tareas diarias,
busca
nuevas perspectivas,
trata de entender,
y haz del
lugar común
un lugar maravilloso donde estar.

Haz de tu felicidad...
una felicidad
perdurable.

— Collin McCarty

No trates de impresionar a los demás;
  trata de impresionarte tú misma.
Sé la persona que debas ser.

T
o
d
o

l
o

d
e
m
á
s

s
e

a
l
i
n
e
a
r
á

b
i
e
n

...y tus sueños se harán realidad.

— Karen Poynter Taylor

Tú te conoces a
ti misma
mejor que nadie,
por eso fija tus propios
límites.
Piensa tus propios

pensamientos.
Sueña
tus propios

sueños.
Haz tus propios planes.
Vive
según tu estilo
propio.
Sé tú misma.
Da
lo mejor
de ti

y
acepta
eso como suficiente.

— Donna Fargo

Nunca pierdas la fe en ti

Nunca pienses que te falta
Alguna condición.
Nunca dudes de tu capacidad.
Nunca pongas en duda tu juicio.
Nunca dejes que nadie ni nada
Te haga sentir menos de lo que eres,
Porque tú eres

    Una persona especial.

Nunca pienses que el próximo paso
Está demasiado lejos.
Si tropiezas por el camino,
Levanta la cabeza y
Recuerda que las palabras o las acciones
De otras personas
No podrán nunca lastimarte,
Porque tú eres

    Una persona especial.

Nunca pierdas la fe en ti.
Mira a tu alrededor —
Las amistades que te rodean —
Porque te aman y te quieren,
Te ayudan,
Y creen en ti...

Porque tú eres una persona especial.

— Ashley Bell

Sé por siempre fiel

Sé fiel... a tus sueños y mantenlos vivos. No dejes que nadie te haga cambiar de idea si tú sientes que lo puedes lograr. Cree en ti en todo momento.

Sé fiel... a la luz que llevas dentro de ti. Aférrate a tu fe, a la esperanza y la alegría de vivir. Mantén ideas buenas en tu mente y sentimientos buenos en tu corazón. Ten generosidad, sabe perdonar, ten paciencia y gentileza. Sé tu mejor amiga, y escucha la voz que te impulsa a ser lo mejor que puedes ser.

Sé fiel... a tu ser por las sendas que elijas. Sigue la ruta de tus talentos y pasiones, y jamás olvides que no hay luz más resplandeciente que aquella que está dentro de ti.

— Jacqueline Schiff

¡Puedes hacer...

Si alguien intenta decirte que
no hay esfuerzo que alcance
para enfrentar la tarea que tienes por delante...
muéstrale que eres fuerte.

Si alguien trata de decirte que
no eres lo suficientemente fuerte,
no escuches palabras desalentadoras...
reconoce tu valor.

...todo lo que te propongas!

Si alguien intenta decirte que
no puedes cantar tu propia canción
o hacerte camino en el mundo...

demuéstrale que se equivocan.

— Ashley Rice

Entiende el éxito...

El éxito es la satisfacción de saber que di lo mejor de mí, hice lo mejor que pude, luego dejando los resultados al universo. El éxito es confiar que será lo que será y que si hay algo más que hacer, me lo harán saber.

El éxito es no darse por vencido, aunque haya fallado mil veces. Es encontrar otro ángulo o estrategia nueva que me permita intentar una vez más con la esperanza de que ésta será la vez que alcance mi meta, sabiendo que si no pruebo de nuevo, puedo perder mi oportunidad.

...y alcánzalo!

El éxito es alguien que me dice "gracias" por algo que hice y comunica un sentimiento de verdadero agradecimiento. Es tener alguien a quien amar y que me ame. El éxito es tener un techo de albergue, alimento que comer, un teléfono y un auto que manejar.

El éxito es tener esperanza y comunicar esperanza a otro ser humano, ayudar a alguien a superar algo en la vida. Es ese empujoncito justo en el momento preciso, ese pequeño consejo o palabra de aliento susurrada al oído de alguien para que siga adelante y no se dé por vencido.

El éxito es saber que el éxito no lo es todo.

— Donna Fargo

Cuando haya días que
estén llenos de desaliento
y responsabilidades imprevistas,

RECUERDA ESTO...

Cree en ti misma
y todo lo que quieras que sea tu vida,
porque las dificultades
    y los cambios
sólo te servirán para encontrar
los sueños que sabes
deben hacerse realidad para ti.

— Deanna Beisser

Cuando tu día esté triste te aportaré color

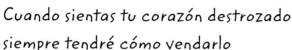

Cuando sientas tu corazón destrozado
siempre tendré cómo vendarlo

Cuando necesites quedarte en silencio
te acompañaré en silencio

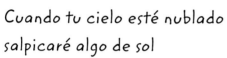

Cuando tu cielo esté nublado
salpicaré algo de sol

Cuando la montaña parezca empinada
te empujaré pendiente arriba

Cuando no puedas dejar de llorar
tendré pañuelos a mano

Para lo que sea que necesites...
        siempre estaré allí

        — Elle Mastro

Trepa a la cumbre

No
dejes
que la vida
te deje de lado;
la única manera de
triunfar es llevar alta la
cabeza. Trata de no desalentarte
cuando aparecen obstáculos; trepa
cada montaña paso a paso y toma la vida
día a día. Encontrarás por fin la fuerza que
buscabas, no sólo para trepar la montaña sino
para llegar a la cumbre también.

— Tracy Nash

INTÉNTALO UNA Y OTRA...
Y OTRA VEZ

Si alguna vez quieres darte por vencida...
NO LO HAGAS.
Si piensas que no puedes hacer algo...
INTÉNTALO.
Si lo intentas y fracasas...
INTÉNTALO OTRA VEZ.

Si no lo haces, puede ser que siempre te preguntes por qué te diste por vencida tan fácilmente. Cree en lo que sea que pienses que vale la pena creer, y nunca te detengas hasta que sientas que has hecho todo lo posible para alcanzar tus sueños. Tengo tanta fe en ti, y sé que eres capaz de lograr cualquier cosa que quieras.
RECUÉRDALO SIEMPRE.

— Tracy Nash

La gloria
no está en
nunca caerse...

...sino en levantarse
cada vez
que caigas.

— Proverbio chino

Si te retiras
ante los **obstáculos**
que aparecen en tu camino
porque parecen excesivamente arduos,
te estás
traicionando.

No temas correr riesgos
ni tan siquiera fallar.
No se trata de **ganar** o **perder.**
Se trata de tu **amor** propio,
de tu fe en quién eres:
eso es lo que **cuenta.**

— Tracy Nash

39

Tienes lo necesario...

Los ganadores corren riesgos.
Igual que todos, tienen miedo de fracasar,
pero **se niegan** a dejar que el miedo
los controle.
No se rinden.
Cuando la vida se pone difícil, **persisten**
hasta que mejoran las cosas.
Son **flexibles.**
Se dan cuenta de que hay más de una manera
y están dispuestos a intentar otras.
Los ganadores saben que no son **perfectos.**
Respetan sus desventajas
sacando máximo provecho a sus **ventajas.**
Caen, pero **no** se quedan abatidos.
Se niegan insistentemente a dejar que una caída
les impida **ascender.**

...para ser un ganador

Los ganadores piensan **positivamente**
y ven lo **bueno** en todas las cosas.
Convierten lo ordinario
en **extraordinario.**
Los ganadores creen en el camino
que han elegido
aun cuando sea **duro,**
aun cuando otros no puedan ver
adónde van.
Los ganadores son **pacientes.**
Saben que una meta sólo vale
lo mismo que el esfuerzo que se exige
para **lograrla.**
Los ganadores son gente como tú.
Ellos hacen que este **mundo**
sea **mejor.**

— Nancye Sims

Esta es tu vida
Usa el poder
de escoger lo que deseas hacer
y hazlo bien

Usa el poder
de amar lo que deseas en la vida
y ámalo con fidelidad

Usa el poder
de caminar en un bosque
y ser parte de la naturaleza

Usa el poder
de controlar tu propia vida
Nadie puede hacerlo por ti
Nada es demasiado bueno para ti
Tú mereces lo mejor

Usa el poder
de hacer que tu vida sea
sana
emocionante y completa

El momento es ahora
Tienes el poder
de crear una vida
exitosa y
feliz

— Susan Polis Schutz

Cómo ser...

una estrella de rock,
ganadora de premios, maestra,
astrofísica, novelista,
luchadora profesional, actriz,
pintora, locutora de radio,
editora, cineasta,
guitarrista, columnista,
astronauta, cantante, diseñadora,
caricaturista, inventora,
arquitecta, constructora, productora,
escritora, atleta, artista,
programadora, bailarina,
técnica o estilista
en un paso o menos...

Ve y hazlo.

— Ashley Rice

Hay dentro de ti todo el potencial de ser
lo que sea que quieras ser.

Imagínate
como

quisieras

ser,

haciendo

lo que

quieres hacer,

y cada día,

da

un paso

hacia tu

sueño.

Hay dentro de ti toda la energía para hacer
lo que sea que quieras hacer.

— Donna Levine Small

Quiero compartir estos pensamientos contigo...

(aun cuando espero que ya los sepas)

Tu sentido del humor
me encanta.

Tu risa es
uno de mis sonidos favoritos.

Tu sonrisa me ilumina el corazón.

La gente sabe que puede
contar contigo.

Eres servicial con los demás,
y eres también independiente.

Ser tu madre ha sido
una de mis MAYORES alegrías.

— Barbara Cage

UNA LISTA DE DESEOS
MUY ESPECIAL...

Quisiera decirte que las personas
no van a herir tus sentimientos...
Pero lo harán.

Quisiera que me escucharas
cuando te digo algo por tu
propio bien y por tu seguridad...
Espero que sí.

Quisiera que te dieras cuenta que todos
los otros chicos de tu edad se sienten igual
de nerviosos y preocupados que tú...
Te lo aseguro.

Quisiera que pudieras saber que no
todos los que dicen que harán algo
realmente lo cumplen...
No es así.

...PARA UNA ADOLESCENTE MUY-ESPECIAL

Quisiera poder envolverte en alas de ángel
y guardar tu corazón en mi bolsillo
para que nadie te haga sufrir...
Pero no puedo.

Quisiera poder llorar tus lágrimas,
y guiarte por el camino,
y sanar tus heridas...
Pero debes hacerlo tú.

Quisiera aliviar la carga en tu corazón
de la presión de tus iguales...
Lo intentaré.

Quisiera que sepas que te quiero,
y que me enorgullece la persona
que estás decidiendo ser...
Así es.

— Cynthia Dite Sirni

Puede ser que mis sueños
para tu vida
no siempre sean
los mismos
que buscas tú.

PERO HAY ALGO QUE SIGUE SIENDO IGUAL:

Tu felicidad
siempre será
mi mayor
tesoro
en este mundo.

— Nancy Gilliam

Hay una sutil diferencia entre
una madre que dice a su hija
mucho
o muy poco...

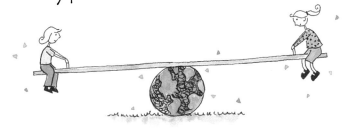

...Espero haber logrado
un equilibrio adecuado

— Susan Polis Schutz

PALABRAS SABIAS...

 ## Siempre date tiempo para...

Grandes sonrisas. Mañanas de domingo. Largas caminatas. Cálido agradecimiento. Recuerdos preciosos. Cosas que aportan una sensación de alegría al corazón. Mantenerte en contacto... con la gente que siempre significa tanto.

 ## Encuentra una manera de...

Ser buena contigo misma. (Realmente buena.) Crear puentes que te lleven donde sea que quieras ir. Escribir tu propia definición del éxito, y luego hacer lo posible para hacerlo realidad. Acercarte cada vez más a la cumbre de cada montaña que hayas querido escalar. Sacar el máximo provecho... de tu momento... de este momento en la vida.

...PARA UN MUNDO DE FELICIDAD

 ## Haz planes para...

Moderar tus días. Encontrar tu ritmo perfecto. Ser suficientemente fuerte. Ser suficientemente dócil. Cosechar la dulce recompensa que vendrá de todo lo bueno que hagas y todo lo bueno que des. Mantener las cosas en perspectiva.

 ## Recuerda...

Invertir sabiamente en las riquezas más valiosas. Compartir palabras invalorables bebiendo algo caliente en lugares tranquilos. Atesorar el tiempo que pases en conversaciones de corazón a corazón. Reír mucho. Resolver todo bien. Avanzar superando cada preocupación. Superar toda tristeza. Tener gran número de bellos mañanas.

— Douglas Pagels

Pasan muchos días
y me encuentro diciéndote
las mismas cosas
día tras día:

Limpia tu cuarto.
¿Está limpio tu cuarto?
Haz tus tareas.
¿Terminaste tus tareas?
No llegues tarde.
Saca la basura, por favor.

Seriann
todo lo que
hace mamá es
por tu bien,
ella te ama

Muchas noches,
después de quedarte dormida
cuando te ves tan tranquila
me pregunto:

¿Te dije que te quiero?
¿Que agradezco todo lo que haces por mí?
¿Que toda tu vida
me encontrarás
entre tus admiradores?

Siempre recuerda que te quiero mucho,
y me enorgullece todo lo que haces
y todo lo que defiendes.

—Toni Crossgrove Shippen

En tus momentos **más felices**
y más **emocionantes**...
mi corazón celebrará y sonreirá
a tu lado.

En tus bajones **más bajos**,
mi cariño estará presente para **darte calor**,
para darte **fortaleza**...
y para recordarte que el sol
volverá a salir.

En tus momentos de **logro**,
me llenaré tanto de **orgullo**...
que quizás me cueste contener
interiormente ese sentimiento.

En tus momentos de **desaliento**,
voy a ser un **hombro** donde llorar,
una **mano** que estrechar, y un **cariño**...
que te envolverá suavemente
     hasta que todo esté bien.

En tus días **grises**, te ayudaré a
buscar, uno por uno...
     los colores del arco iris.

En tus horas **brillantes** de **triunfo**,
también estaré **sonriendo**...
     a tu lado.

— Laurel Atherton

Ha sido una aventura maravillosa
verte convertirte
en la bella persona que eres —
como una oruga se transforma
en una bella mariposa.

Pero a decir verdad,
espero con ansias ver la persona
en que continuarás convirtiéndote,
porque tengo la sensación de que,
en tu caso, lo mejor está por venir.

— Donna Gephart

Te veo
por todo lo que una vez fuiste
por todo lo que eres ahora
y por todo lo que
algún día serás —
un don precioso
un corazón cariñoso
y una bendición para las vidas
de todos los que te conozcan

— Deana Marino

ELIGE SABIAMENTE...

Espero que elijas la felicidad
   cuando sea posible.
Espero que conserves buenos recuerdos
   y deseches heridas y fracasos.
Espero que te permitas
   cometer errores
y darte cuenta de que con ellos aprendemos
   las mejores lecciones.
Eres una persona preciosa y valorada
que se merece lo mejor de este mundo —
tómalo y compártelo con otros.

— Barbara Cage

...Y OBSERVA CÓMO SE ELEVA TU VIDA

Tienes lo que hace falta
para hacer tu **aporte**
en este **mundo**.
Busca la bondad,
sueña en grande,
y cree en tu corazón
que quien eres
es todo lo que necesitas.
Trabaja, juega, sueña,
y mantén tu perspectiva
sin importar lo que te suceda.
Recompénsate a menudo;
pinta tus propios **arco iris**.
Sé tu propio héroe,
Sé tu propio **guía**.
Echa a volar tu **imaginación**
y **observa** como se **eleva** tu vida.

— Linda E. Knight

ESTE MUNDO ES TUYO

En este mundo,
eres única.

Te abres camino
a tu modo.

Caminas por este mundo
con tus propios
zapatos.

Eres la
única que
sonríe y ríe
como lo haces tú.

Eres la
única que
vive y piensa exactamente
como lo haces tú.

Eres verdaderamente
tú misma.

Tienes tus
propios sueños
e ideas...

Puedes hacerlos
realidad...
porque
este mundo es tuyo.

— Ashley Rice

RECONOCIMIENTOS